LA VILLÉLIADE.

IMPRIMERIE D'AUGUSTE BARTHELEMY,
RUE DES GRANDS-AUGUSTINS N° 10.

LA VILLÉLIADE

OU

LA PRISE DU CHATEAU RIVOLI.

EN CINQ CHANTS.

PAR MÉRY ET BARTHÉLEMY,

AUTEURS DES SIDIENNES; DES JÉSUITES, ÉPÎTRE AU PRÉSIDENT SÉGUIER, etc., etc

---

Treizième Edition.

PARIS.
CHEZ LES MARCHANDS DE NOUVEAUTÉS.
1826.

PRÉFACE.

La poésie épique vit de fictions. Les auteurs de *la Villéliade* ont suivi ce précepte littéraire dans sa plus grande latitude ; usant du droit de tout oser et de tout feindre, ils ont renchéri sur leurs prédécesseurs, en inventant même le fait qui est le sujet du poème. Chanter la chute de M. de Villèle, dans un moment où M. de Villèle est encore debout, c'est une innovation qui paraîtra hardie, et peut-être inconvenante. Heureusement l'avenir justifiera la hardiesse des poètes ; et s'ils ont anticipé sur les événemens, on a lieu de croire que les événemens ne démentiront pas leur prédiction.

Des écrivains, dont nous ambitionnons les critiques, nous ont souvent reproché d'avoir mis dans nos satires, les noms à côté des ridicules ; nous pourrions leur opposer d'autres écrivains également recommandables, qui nous ont précisément approuvé pour la même chose ; mais, sans nous arrêter ici à exposer nos idées sur la satire proprement dite, nous nous contenterons de justifier *la Villéliade* du même reproche, en faisant observer que tous les noms des héros qui figurent dans ce poème sont, pour ainsi dire, du domaine public, et qu'ils s'offrent chaque jour à l'éloge ou au blâme des journaux. On nous saura peut-être quelque gré d'avoir raillé sans amertume et sans scandale, de telle sorte que les hommes honorables que nous mettons en scène puissent rire les premiers de leurs défaites ou de leurs succès.

Loin de nous l'idée d'avoir voulu porter atteinte au respect dû à la représentation nationale ; les Membres d'une Chambre élective, quelles que soient les opinions et les ridicules de quelques-uns d'entre eux, ont des droits incontestables à l'estime publique ; et si on nous accusait de vouloir les déprécier aux yeux de leurs concitoyens, ce reproche serait aussi peu fondé que celui qu'on adresserait à Boileau, notre maître, d'attaquer la religion, et d'avilir le sacerdoce, en chantant les innocentes vengeances d'un prélat et les longs dîners des chanoines de la Sainte-Chapelle ; les députés ministériels, qui sont les chanoines de la Chambre, et M. de Villèle, qui en est le prélat, ne se montreront pas plus rigoureux envers nous, que les héros sacrés ne le furent envers Boileau. Il fut enterré et béni dans la Sainte-Chapelle, par les prêtres même qu'il avait chantés.

LA VILLÉLIADE

ou

LA PRISE DU CHATEAU RIVOLI.

Chant Premier.

ARGUMENT.

Invocation. — Les députés du Centre se rassemblent chez Villèle. — Grand dîner ministériel. — Discours de Villèle. — Plans de campagne. — Hommage lyrique de Martignac.

Muse des Capitouls, toi qui sur l'Hélicon
Célèbres tes héros sur un mode gascon,
Redis-nous aujourd'hui cette grande querelle
Qui troubla si long-temps le sommeil de Villèle,
Comment Labourdonnaie et de fiers députés
Du comte de Toulouse ennemis indomptés,

Lassés de haranguer une Chambre muette,
Sonnèrent des combats la bruyante trompette,
Et sur le haut balcon du château Rivoli,
Proclamèrent son règne à jamais aboli.

Tout dormait dans Paris, et le peuple et l'armée;
Mais au palais Villèle, une table embaumée,
Un peuple de valets, la serviette à la main;
Un congrès de cochers du faubourg Saint-Germain,
Qui sur leurs bancs oiseux sommeillaient dans la rue,
La salle du festin à grand bruit parcourue,
Tout annonce au dehors que nos bons députés
Veillent pour la patrie et pour nos libertés.

Corbière, Peyronnet, Frayssinous en étole;
La main sur la poitrine ont salué l'idole;
Sur des siéges d'honneur on les a fait asseoir;
Auprès d'eux sont rangés les élus du pouvoir;
Ces députés ventrus à la faim indomptable,

Qui votent des budjets et . . . .
On distingue entre tous, Ravez à l'œil de feu,
Éternel président, bardé d'un ruban bleu ;
Puymaurin, Martignac, à la douce faconde,
Tous les *ac* qu'à Paris envoya la Gironde ;
Civrac, Castelbajac, Camarsac, Solilhac,
Saintenac, Mayrinhac, Clarac, Cressac, Flaujac ;
Non loin sont alignés Cardonnel, Pampelune,
Mortillet, jusqu'ici vierge de la tribune ;
Desbassyns, orgueilleux de sa fraternité [1] ;
Anthès, dont le gosier constamment humecté
D'une voix de Stentor commande la clôture ;
Roux, qui d'un nom trop court ennoblit la roture [2] ;
Chifflet, Salaberry ; Dudon, de qui la voix
Sur les bancs ennemis retentit autrefois ;
Piet, traiteur du sénat ; le riche Lapanouze [3] ;
Les députés du Nord au grand complet de douze [4] ;
Pardessus, échappé de l'École de droit ;
Et tous ceux, en un mot, que chaque jour on voit
Au signal qu'on leur donne, et suivant l'occurrence,

Applaudir avec bruit ou dormir en silence.

Après que du festin les convives élus
Eurent béni cent fois le nouveau Lucullus,
Au moment où chacun par un dernier caprice
Allait faire au dessert un léger sacrifice,
Le Ministre se lève et dit : « Nobles mortels,
« Que j'ai conduits ici du fond de vos castels,
« Comtes, marquis, barons, soutiens du ministère,
« Qui n'avez de souci que celui de vous taire,
« Vous, que j'ai chamarrés de cordons et de croix;
« Vous, mandés par le peuple à l'appui de mes droits,
« Écoutez : Un danger menace le royaume;
« Et cette fois, du moins, ce n'est pas un fantôme;
« Ce n'est plus un pétard allumé par Bouton,
« Un pamphlet de Kœcklin, un complot de Berton;
« Ce ne sont plus ici de ces peurs ridicules
« Qu'insinue un journal à ses lecteurs crédules;
« Sachez que ce palais élevé par ma main
« N'est plus un endroit sûr; on l'attaque demain;

« On veut me renverser ; une ligue insolente
« Déjà s'est rassemblée et campe sous la tente :
« A la plaine Grenelle où je veux faire un port,
« De ses ardens Ultras, réunissant l'effort,
« Le fier Labourdonnaie, injuste par système,
« Veut à mon noble front ravir le diadême ;
« Et ce n'est pas moi seul qu'il prétend détrôner :
« A tout mon ministère il ne peut pardonner.
« Contre mes vice-rois sa haine se déclare ;
« Songez-y, vous, d'abord, Excellence en simarre !
« Vous, Corbière, chéri des bons ignorantins,
« Il veut vous reléguer au milieu des bouquins !
« Pour vous, sage prélat, aux phrases si polies,
« Hélas ! il vous condamne à vivre d'homélies !
« Vous enfin, dont le bras agite un vain trident,
« Vous qui loin de la mer, Argonaute prudent,
« N'avez jamais des flots éprouvé la secousse,
« Jean-Bart du Garde-meuble, et Neptune d'eau douce,
« On veut, pour vous apprendre un pénible métier,
« Comme Pierre-le-Grand, vous placer au chantier ;

« Vous frémissez, messieurs; mais j'ai dû vous le dire ;
« L'infatigable Droite, incessamment conspire;
« On nous accuse tous pourtant, de bonne foi ;
« Que peut-on reprocher aux conseillers du Roi?
« Depuis près de douze ans quel autre ministère
« Se montra plus que moi constamment populaire?
« Dois-je vous retracer tous les faits éclatans
« Qui de mon règne heureux ont illustré le temps?
« J'ai, pour donner le calme à l'Espagne alarmée,
« En cordon sanitaire alongé mon armée,
« Et si les Castillans ont reconquis leur roi,
« Leurs couvens, leur misère, ils le doivent à moi;
« C'est moi, qui pour sept ans signant vos priviléges,
« Ai dressé mes préfets à former ces colléges
« Où pour être assuré de l'effet du scrutin,
« Le nom du candidat est inscrit de ma main.
« La Chambre a, par mes soins, accordé sans scandale,
« Un large milliard à la faim féodale.
« Rotschild a fait jaillir de mon cerveau pensant,
« Sur les débris du cinq, l'illustre trois pour cent.

« L'État n'a plus besoin d'une armée aguerrie ;
« Aussi n'ai-je songé qu'à ma gendarmerie ;
« Ces braves cavaliers, par nombreux régimens
« Inondent tout Paris et les départemens ;
« J'ai donné sans regret à ces soutiens du trône,
« Le cheval andalous et la culotte jaune.
« Sous le feu roi Louis, comme sous Charles Dix,
« J'ai peuplé mes bureaux de maigres Cadédis ;
« Vous avez vu placer, grâce à mes apostilles,
« Les plus bas rejetons de vos nobles familles.
« Par l'organe pieux de mon Garde-des-Sceaux,
« J'ai remis au clergé la hache et les faisceaux :
« L'Église, avant mon règne, expirait de famine ;
« Quel prélat aujourd'hui n'a son chef de cuisine,
« Et dans son diocèse apôtre bien dodu,
« Ne peut se promener en un char suspendu ?
« Bien plus, à Loyola rendant ses confréries,
« J'ai glissé ses suppôts jusques aux Tuileries ;
« J'ai tout sacrifié pour leur plaire ; Tharin
« Est chargé d'élever le futur souverain,

« Et pliant à leur goût mon humeur indocile,
« Au pan de mon habit j'ai cousu Rainneville. [5]

« Passons à l'étranger : Mon ministre à Madrid
« Prohibe nos auteurs dans le pays du Cid ;
« Par un ambassadeur ma suprême Excellence
« Traite avec Metternich de puissance à puissance ;
« Au bord de la Newa, Marmont expédié,
« Est reçu par le Czar comme un vieil allié ;
« Pour plaire à Mohammed, d'une large coiffure,
« J'ai chargé quelquefois mon étique figure ;
« Et les cent officiers vers Memphis envoyés,
« Par mon trésor royal sont les premiers payés ;
« Mes bienfaits ont séduit les enfans du Prophète ;
« Cinquante jeunes Turcs arrivés de Rosette,
« Entrant dans Saint-Acheul comme dans un sérail,
« Du friand Loriquet vont peupler le bercail [6] ;
« Aux chantiers marseillais les charpentiers jésuites
« Lancent pour Ibrahim des frégates construites ;
« Qu'importe qu'en ce lieu des bourgeois hébétés,

« Aux proscrits de la Grèce ouvrent leurs comités ?
« Mon fidèle Bruat, à mes ordres docile 7,
« Tartufe Philhellène, agit en Turcophile,
« Et si des Levantins le commerce a langui,
« En revanche, messieurs, j'ai pris Missolonghi !
« Voilà ce que j'ai fait, voilà tout mon ouvrage :
« Je sais qu'un peu d'orgueil perce dans ce langage ;
« Mais quand dans son honneur on se voit insulté,
« Certes, la modestie est une lâcheté.
« Maintenant, dites-moi, ces censeurs frénétiques,
« Qui vomissent partout leurs noires philippiques
« Contre le ministère et contre ses élus ;
« S'ils eussent gouverné, qu'eussent-ils fait de plus ?
« Je vois que ce récit en secret vous attère,
« Que vous avez des cœurs voués au ministère ;
« Eh bien ! jurez-moi tous, jurez les bras levés,
« Que ces bras généreux, pour moi seul réservés,
« Près de moi formeront un mur impénétrable ;
« Que vous aurez au camp la même ardeur qu'à table,
« Et que dans les combats votre zèle affermi,

« Ainsi que sur les bancs, domptera l'ennemi. »

Pendant que cette voix vibrait à leurs oreilles,
Le Champagne versé dans les coupes vermeilles,
Le moka chaleureux, le kirch de Neuchâtel,
Exaltaient les soutiens du trône et de l'autel ;
Ils se levèrent tous : en voyant leur figure,
On eut dit qu'ils allaient demander la clôture ;
Debout, le regard fier, les bras levés aux cieux :
« Oui, nous le jurons tous, Ministre gracieux,
« Par tes pénates d'or, par ta rare éloquence,
« Par ces riches banquets où tu manges la France ;
« Nous jurons d'asservir ces membres révoltés
« Qui du ventre absolu, bravent les volontés ;
« S'il faut les attaquer aux plaines de Grenelle,
« Marchons ; notre devise est : *Montjoie et Villèle !*
« Fais briller pour signal, à nos yeux satisfaits,
« Ton portefeuille rouge, au donjon du palais [8]. »

Lors Martignac se lève ; au valet en livrée [2]

Il demande sa lyre avec de l'eau sucrée,
Et de la même voix qui module un rapport,
Jusqu'à l'hymne lyrique il guinde son transport :

 « Près des royales Tuileries,
 Voyez-vous ce vaste palais,
 Et ces pompeuses galeries
 Où veillent des Suisses-Français?
 Que de fenêtres, que de salles,
 De cours, d'escaliers en spirales!
 C'est le labyrinte crétois,
 Où loge un petit Minotaure
 Dont la dent terrible dévore
 Et notre fortune et nos lois. »

<hr />

 « Quand Dieu, par une route aisée,
 Fera-t-il tomber dans ces lieux
 Quelque monarchique Thésée
 Qui sortira victorieux?
 Faut-il que cet affreux dédale
 Soit notre prison sépulcrale?

Et nos fils couverts de lambeaux,
Sont-ils, par un destin atroce,
Contraints de le voir en carrosse
Se promener sur nos tombeaux?

Ainsi, dans leur plainte frivole,
Quelques novateurs factieux
Veulent arracher l'auréole
A l'élu du prince et des cieux;
Mais le géant du ministère
Ne craint pas le flot populaire;
Près du trône il trouve un appui,
Et, fier de la faveur suprême,
Il rit de l'obscur anathème
Que la France jette sur lui.

O vous banquiers israélites,
Qui sous vos pieds foulez la croix,
Qui de tant d'augustes faillites
Avez souvent sauvé les Rois;

Dans votre caisse fraternelle
Enfermez le noble Villèle,
C'est votre frère en Israël;
Sauvez cette tête gasconne
Et des ordonnances du trône
Et des caprices de l'autel!

Si l'astre de sinistre allure
Qu'Arago voit sur l'horizon;
Par un jeu de sa chevelure,
Changeait notre globe en tison,
Villèle, incrusté sur sa place,
Serait l'homme juste qu'Horace
Nous peint si calme dans ses vers,
Et, narguant la comète errante,
Il coterait encore la rente
Sur les débris de l'univers.

Notes du Chant Premier.

1. Desbassyns, orgueilleux de sa fraternité.

Desbassyns de Richemont, beau-frère de M. le comte de Villèle.

2. Roux, qui d'un nom trop court ennoblit la roture.

M. Roux s'est fait appeler toute sa vie M. *Roux*, comme son père; il a reçu la noble particule avec la médaille de député; c'est aujourd'hui M. *de* Roux.

3. Piet, traiteur du sénat.

M. Piet est à M. de Villèle ce que Cambacérès était à Napoléon; M. Piet donne à dîner aux députés du Centre, les jours où le maître-d'hôtel du Ministre annonce *relâche*.

4. Les députés du Nord au grand complet de douze.

Les douze députés du Nord ont l'honneur d'être tous ministériels. Ainsi ce n'est pas du Nord que nous vient la lumière.

5. Au pan de mon habit j'ai cousu Rainneville.

Alphonse de Rainneville, ex-élève de Saint-Acheul, maître des requêtes, et premier ministre de M. de Villèle.

6. Du friand Loriquet vont peupler le bercail.

M. Loriquet est supérieur de la maison des jésuites à Saint-Acheul.

7. Mon fidèle Bruat.

La maison de commerce Bruat, Daniel et Ce, de Marseille, est chargée de faire construire les vaisseaux du vice-roi d'Egypte ; M. Bruat est membre de la société Philhellénique.

8. Fais briller pour signal à nos yeux satisfaits,
Ton portefeuille rouge au donjon du palais.

Les consuls romains faisaient élever sur leur tente leur casaque rouge : c'était le signal du combat.

9. Lors Martignac se lève.

M. Martignac, qui fait des rapports, quitte quelquefois sa vile prose pour la poésie. C'est un poète diplomatique.

Chant Deuxième.

ARGUMENT.

L'armée ministérielle se rassemble au palais Rivoli : elle est passée en revue par Peyronnet.—Itinéraire de l'armée. — Par les conseils de Chabrol, ils suivent la rive gauche du fleuve ; — ils sont en présence des ennemis ; — Villèle leur députe deux ambassadeurs pour les engager à rentrer dans le devoir. — Dénombrement de l'armée alliée. — Réponse laconique de Labourdonnaie.—Message inutile.—On se prépare au passage de la Seine.

LE soleil, s'élançant aux voûtes éternelles,
De la vieille Cité dorait les tours jumelles ;
Le faubourg d'outre-Seine et le quartier d'Antin
Savouraient mollement le sommeil du matin ;

Dans son palais désert le grand Ministre veille;
Mais ses Ventrus chargés des vapeurs de la veille,
S'avancent lentement, les yeux clos à demi,
Dans chaque maronnier voyant un ennemi,
Et maudissant tout bas cette ardeur si guerrière
Qui les porta trop loin pendant la nuit dernière.
A peine sur la place et sous les longs arceaux
Se sont-ils rassemblés, que le Garde-des-Sceaux [1],
Le fleuret à la main, la toge retroussée,
Lisant l'ordre du jour d'une voix cadencée,
Nivelle ses soldats, les serre en bataillon ;
Frayssinous les bénit avec son goupillon,
Et, la Bible à la main, un héraut leur rappelle
Le terrible serment qu'ils ont fait à Villèle.

Mais Villèle se montre assis sur un pavois;
Il exhorte les siens du geste et de la voix,
Leur promet cent dîners, ou leur prix en monnaie,
S'ils peuvent, vif ou mort, happer Labourdonnaie.

Ils partent : leur gaîté s'évapore en éclats ;
Le pavé Rivoli tremble au loin sous leurs pas ;
Ravez ouvre la marche ; en guise de trompette,
L'éternel président fait sonner sa sonnette [2] ;
Et l'inégal Roger, par des chants belliqueux [3],
Semble un autre Tirtée, et s'avance avec eux :
L'armée a tressailli d'un élan électrique ;
Elle longe la rue en file symétrique,
Laisse le Garde-Meuble où gouverne Chabrol,
Et tournant vers la gauche, elle foule le sol
Que, pour éterniser une lugubre histoire,
Montrouge va charger d'un marbre expiatoire.
Ils allaient s'avancer sur ce pont régulier
Qui porte nos Solons au sénat roturier,
Quand Chabrol : « Arrêtez, laissons-là ce passage,
« Joignons en ce grand jour la prudence au courage ;
« Songez que les ligueurs, par leurs nombreux partis,
« Seraient de notre marche à l'instant avertis ;
« D'autres routes par moi vous vont être tracées ;
« J'ai là mon intendant des ponts et des chaussées,

« Il connaît son métier ; par son heureux secours,
« Je puis improviser quatre ponts en deux jours,
« Et grâce à mon trident, je veux qu'à l'autre rive,
« Sans pleurer un soldat, toute l'armée arrive. »

D'un bravo général, Chabrol est accueilli ;
Ainsi gardant toujours la rive de Neuilly,
Ils évitent ce pont que le nouveau régime
A paré gauchement d'un chiffre légitime,
Et découvrent bientôt sur le bord opposé
Tout le camp des Ultras en carré disposé.
Debout, sur son pavois, comme une Renommée,
Villèle fait héler tous les chefs de l'armée ;
Ils accourent tremblans : « Compagnons, leur dit-il,
« De la Seine en courroux ne troublons point le fil,
« Bientôt vous déploierez votre mâle courage ;
« Mais avant de tenter ce glorieux passage,
« Pour épargner le sang, il faut que Martignac
« De Gaudiche suivi, parte et passe le bac ; [4]
« L'olivier à la main, que mon parlementaire

« Transmette à ces ingrats des paroles de père;
« Car, malgré leurs erreurs et leurs dédains amers,
« Je l'avouerai, Messieurs, ils me sont toujours chers. »
Il dit : par de longs cris, la nombreuse audience
Exalta jusqu'aux cieux sa sublime clémence,
Et ces pieux soldats, à la douleur livrés,
Plaignirent, un moment, leurs frères égarés.

Martignac s'inclina; le commis de Corbière
Ravi d'un tel honneur fit deux sauts en arrière,
Et dociles tous deux à l'ordre souverain
Ils arrivent bientôt au rivage voisin.

A peine de leurs pieds ont-ils foulé la rive,
Qu'au premier avant-poste ils entendent *qui vive!*
« Voyez, dit Martignac, ce feuillage de paix;
« A travers votre camp, qu'on m'ouvre un libre accès;
« Je veux être introduit comme parlementaire,
« Car je porte à vos chefs des paroles de père. »
Il se tait : à ces mots un long rire moqueur

S'élève dans le camp et se prolonge en chœur;
Gaudiche qui jugeait des faits par le prélude,
Regrette des bouquins la douce solitude,
Plein d'un trouble secret il se signe trois fois;
« De hérauts tels que vous nous respectons les droits,
« Leur dit-on, vers le chef un envoyé fidèle
« Va de votre arrivée annoncer la nouvelle;
« Celui qui nous commande est campé loin d'ici;
« Nuit et jour occupé sur les hauteurs d'Issi
« Il consulte la carte, et de sa longue vue
« De la campagne au loin explore l'étendue;
« Avant qu'en sa présence il vous fasse appeler,
« Vous pouvez librement réfléchir et parler. »

Cependant tous les chefs, le front parfumé d'ambre,
Dormaient sur le gazon comme on dort à la Chambre;
Les deux héros veillaient, et d'un œil attentif
Parcouraient tout ce camp à cet heure inactif;
Gaudiche curieux, interroge son maître,
Sur les noms des guerriers qu'il brûle de connaître;

— Quel est dans ce recoin ce chevalier qui dort,
Appuyé sur le fer d'un large coffre-fort;
Son âme toute entière y paraît renfermée?
— C'est Sanlot-Baguenault, le questeur de l'armée;
C'est lui qui soutenant les Ultras aux abois,
Ravive l'*Aristarque* expirant chaque mois;
Plus loin, rêve Bonnet, fameux par un mémoire,
Long-temps blanche, sa boule a pris la couleur noire;
Remarque dans ce groupe auprès d'eux rassemblé,
Féligonde et Gazan qui n'ont jamais parlé;
Reconnais bien surtout à son visage austère
Mirandol, contempteur des dons du ministère.
— Et ce fier combattant, qui sur son écu noir
Étale une tiare et deux clefs en sautoir?
— C'est Berthier, député de la Seine et du Tibre :
Sa vigueur, de la Droite entretient l'équilibre,
Et d'un projet de loi quand il fait l'examen
Il se signe à l'exorde et finit par *amen*.
Vertueux député! Si jamais tu composes
Des vers assaisonnés d'encens, d'ail et de roses,

Tu sera Marcellus!... Gaudiche s'attendrit,
Et séchant une larme, en ces mots il reprit :
— Mais quel est ce guerrier de qui la queue énorme
Charge le collet bleu d'un superbe uniforme,
Et dont la blanche poudre imprégnée avec soin
S'évapore en nuage et l'annonce de loin ?
— Tu vois le colonel d'une cohorte urbaine,
Coupigny, que Boulogne envoya vers la Seine ;
Sans haine contre nous, il habite avec eux,
Malgré son air guerrier il est peu belliqueux.
Garde-toi, par les traits de juger du courage,
L'âme d'un député n'est point sur son visage ;
Qui dirait en voyant ce teint hâve et flétri,
Ce corps frêle et tremblant, par la guerre amaigri,
Que de nos ennemis c'est le plus redoutable ?
Quel bras peut museler ce lion indomptable ?
Villèle est effrayé de ses rugissemens ;
Par ses amendemens et sous-amendemens
Il combat ; près de l'urne il tient la boule noire,
Et jamais sans honneur ne cède la victoire.

Ce guerrier près de lui, qui gronde en sommeillant,
Est le frère et l'ami de ce rude assaillant ;
Le bruit de leurs exploits lasse la Renommée,
Ce sont les Grénédans, les Ajax de l'armée.
De Coussergue, après eux, se distingue à son tour ;
Et tant qu'un portefeuille, envoyé par la Cour,
N'aura pas adouci sa pétulante emphase,
Tout ministre pour lui sera toujours Decaze.
— Pouvez-vous me nommer cet essaim d'ennemis
Qui semblent en parlant s'être tous endormis ?
— Je les connais ; cent fois, affrontant leur audace,
J'ai contre eux au Sénat combattu face à face ;
Je vois d'abord Delpit ; un collége en défaut
Conquit en sa personne un autre Delalot [5] ;
Puis vient Kerouvriou, présent du Finistère,
Dont le vote a trompé l'espoir du ministère ;
Figarol, qui long-temps illustré parmi nous,
A la fin se lassa de plier les genoux,
Et des nouveaux ligueurs arbora la bannière ;
Je reconnais plus loin le fougueux Lezardière,

Bouthillier, Bellamare élus du Calvados :
Dans le camp de Condé, jadis ces deux héros,
La hallebarde au poing, signalèrent... Gaudiche
Arrête Martignac tout court à l'hémistiche :
« Suspendez ce discours, dit-il, voilà l'huissier
« Affublé de rubans et de chaînes d'acier :
« L'orgueil de son état dans ses regards s'annonce ;
« Je crois que de son maître il porte la réponse. »

Gaudiche avait bien vu ; le hardi messager
Sur le gazon fleuri, volant d'un pied léger,
Va droit à Martignac, et lui remet sa lettre.
On y lisait ces mots : « Dites à votre maître,
« Que notre cœur altier ne s'est point amolli ;
« Je coucherai demain à l'hôtel Rivoli.

« Je le reconnais là, ce chef de *l'Aristarque*,
« Dit Martignac ; fuyons, regagnons notre barque. »
Il dit, et secouant par un geste hautain
Les pans d'un frac d'azur rassemblés dans sa main :
« Vous voulez donc la guerre, insensés que vous êtes ;

« La voilà ! que ses maux retombent sur vos têtes ! »

Ils partent : sous l'esquif l'eau du fleuve a blanchi,
Et du rivage au camp le chemin est franchi.

A peine dans ce camp l'active Renommée
Du message inutile eut avisé l'armée,
Que Villèle, indiquant le passage des eaux,
A ses fiers lieutenans ouvre ses arsenaux ;
Chabrol court haranguer les marins de sa garde,
Peyronnet d'un fleuret fait raffermir la garde,
De lourds in-folio Corbière se munit,
Comme aumônier du camp, Frayssinous les bénit.
Tout s'apprête à marcher au cri : vive Villèle !
Et l'écho de Passy redit : vive Villèle !

Notes du Chant Deuxième.

---

1. . . . . Que le Garde-des-Sceaux,
  Le fleuret à la main.

M. le comte de Peyronnet a été le premier maître-d'armes de Bordeaux, avant d'être le premier magistrat de la France.

2. L'éternel président fait sonner sa sonnette.

Il n'y a que des gens mal intentionnés qui voudraient établir ici un parallèle de personnes et de situation avec un des héros de La Fontaine :

   Il faisait *sonner sa sonnette*.
   La Fontaine, *les Deux Mulets*, fable.

3. Et l'inégal Roger, par des chants belliqueux,
   Semble un autre Tyrtée.

M. Roger ne nous en voudra pas de l'avoir appelé *inégal* ; le grand Tyrtée était boiteux, de même que lord Byron ; l'académicien français a du moins un trait de ressemblance physique avec ces deux grands hommes.

4. De Gaudiche suivi.

M. Gaudiche, ex-procureur du roi à Vitré, est aujourd'hui secrétaire intime de M. de Corbière.

5. Je vois d'abord Delpit ; un collège en défaut
Conquit en sa personne un autre Delalot.

Le Ministre, pour écarter M. Delalot, favorisa l'élection de M. Delpit. En arrivant à la Chambre, M. Delpit devint anti-ministériel.

Chant Troisième.

ARGUMENT.

Derniers préparatifs pour le passage du fleuve. — Nouveaux auxiliaires. — Des prodiges se manifestent sur la Seine. — Grande fantasmagorie. — Des lutins se montrent; le Cachalot du Jardin des Plantes; M. Cuvier. — Le fantôme d'un rentier apparaît à Villèle; discours du fantôme. — Démon familier de Villèle. — Évocation de l'abbé Terray. — Rotschild est transporté de Londres à Paris. — L'ombre de Palinure est apaisée. — Dissertation des savans de l'Institut sur ce phénomène. — Les prodiges disparaissent.

Le camp s'est rassemblé; les soutiens du pouvoir
Foulent les bords du fleuve étonnés de les voir;
Ils s'avancent sans bruit, commandés par Corbière:
Leur troupe se festonne en ligne irrégulière;

Ils n'ont pu se former à mesurer leurs pas.
L'œil distingue d'abord, à l'air de ces soldats,
Qu'ils n'ont jamais des camps entendu le murmure;
Carcaradec se plaint du poids de son armure,
Et le lourd Sesmaisons, gêné dans son pourpoint,
De son ventre sphérique accuse l'embonpoint.
C'est-là le corps d'armée : aux flancs de cette masse
Un gros de partisans escadronne avec grâce;
Derrière un transparent, formé de ces vitraux,
Qui du journal du soir indiquent les bureaux,
Marchent les abonnés de l'*Etoile* ; à leur tête,
Genoude, au *champ de gueule,* à la brillante aigrette [1],
Au casque de *pourfil,* grotesquement *taré.*
Des commis de bureau le bataillon sacré
Portant pour étendard une plume de cygne,
Sur trois rangs de hauteur forme une épaisse ligne.
Le thermomètre en main, arrivent à grands cris
Les cinquante abonnés du *Journal de Paris;*
Le prote de Pillet, personne fort discrète [2],
Seul homme de Paris qui lise *la Gazette*;

S'avance le dernier, triste, croisant les bras,
Appelant des lecteurs qui ne se montrent pas.

Le signal est donné d'abandonner la grève ;
Tout-à-coup un brouillard du sein des eaux s'élève ;
Il s'étend sur le fleuve, et dérobe à leurs yeux
Le camp des ennemis, et la rive et les cieux.
Une lueur blafarde apparaît ; ô prodige !
Parmi ces feux errans, sur le fleuve voltige
De spectres, de lutins un essaim infernal,
Dansant à la clarté du rougeâtre fanal.
Jusques sur les soldats ces bandes entraînées
S'avançaient ; et de là, de leurs mains décharnées,
Ils désignaient Villèle, et disaient en passant :
« Adieu, Villèle, adieu, j'ai pris du trois pour cent ; »
Et de leur sein partaient de longs éclats de rire ;
Tels qu'en pousse Talma dans ses jours de délire.

Le Ventre s'agenouille, et tous les chapelains
Jettent des torrens d'eau sur ces esprits malins ;

Le dévot Frayssinous, ouvrant son catéchisme,
Entonne en faux-bourdon l'hymne de l'exorcisme ;
Mais loin de s'effacer, en agitant leurs os,
Les spectres répétaient son *exorciso vos*.

Au même instant, du sein de ces ombres funèbres,
Surgit un cétacée aux immenses vertèbres,
De ses chairs dépouillé, spectre d'un Cachalot
Tel que l'eût disséqué le crayon de Callot ;
Il se meut lentement, et la masse animée
De sa charpente osseuse épouvante l'armée.
Cuvier est appelé pour classer l'animal :
Il arrive aussitôt du quartier-général.
« Oui, dit-il, c'est bien là le Cachalot momie [3]
« Qui décore si bien ma cour d'anatomie ;
« Et voilà l'écriteau qu'en fort mauvais latin
« Sur son dos vermoulu j'ai cloué ce matin :
« On ne peut expliquer un pareil phénomène ;
« Mais je crains que bientôt mes côtes de baleine,
« Et mon vaste Mammouth, fabriqué de ma main,

« N'arrivent en ce lieu par le même chemin. »
Le discours de Cuvier épouvante Villèle ;
Il s'éloigne, suivi de sa garde fidèle,
Rentre au fond de sa tente, et, seul dans ce manoir,
Il médite en secret sur ce qu'il vient de voir :
Un léger frôlement dans la tapisserie
Du héros en stupeur suspend la rêverie ;
Un spectre est près de lui ; hideux, déguenillé,
Traînant avec effort un suaire mouillé ;
Il s'approche d'un siége, et s'assied : sur sa nuque
Tombent les crins blanchis d'une ombre de perruque,
Et sa débile main semble tenir encor
Les restes d'un vieux jonc dont la pomme fut d'or.
— D'où viens-tu ? — De Meudon, où je dors sur la dure.
— Ton état ? — Ex-rentier. — Et ton nom ? — Palinure.
— Parle, je plains tes maux, fantôme désolé ;
Qu'exiges-tu de moi ? « Mon malheur est comblé ;
« Je logeais au Marais, douce et belle retraite,
« Où s'écoulait sans bruit ma vieillesse inquiète ;
« De minces revenus placés sur le trésor,

« Tranquille, je vivais, et je vivrais encor,
« Si, de ta triste loi, la secousse funeste
« N'eût d'une humble fortune anéanti le reste;
« Le désespoir me prit; du pont de la Cité
« Je me suis l'autre soir à jeun précipité,
« Et mon corps expirant, charrié par la Seine,
« Depuis, gît sans honneur étendu sur l'arène.
« Près de l'île Séguin, rivage fortuné,
« Que la nature et l'art ont de fleurs couronné,
« Je languis; vainement, d'une voix épuisée,
« Je demande une tombe à mes os refusée;
« Loin de faire pitié, dimanche, j'ai fait peur
« Aux deux cents passagers de la barque à vapeur.
« Ne sois pas insensible au cri de la nature,
« O Villèle! à mon corps donne la sépulture;
« Sinon, errant, sans fin, sur les deux élémens,
« Je te fatiguerai de mes gémissemens;
« Sur le bord opposé, vainement tes phalanges
« Tenteront d'aborder; des prodiges étranges
« A toute heure, en tous lieux paraîtront sur tes pas,

« Et glaceront d'horreur tes chefs et tes soldats.
« Ma puissance, sans fruit, est par toi combattue;
« D'Hermès à me chasser vainement s'évertue;
« Et quant à ce Cuvier, commissaire du roi,
« Qui dissèque tes plans, et défendit ta loi,
« Pénitent huguenot qui porte un scapulaire,
« Et néglige ses ours et ses os pour te plaire;
« Qu'il soit pétrifié!... Des spectres, mes amis,
« Rentiers suicidés, à mes ordres soumis,
« Ont poussé jusqu'ici pour punir son audace,
« Du royal Cachalot la hideuse carcasse.
« Il faut pour apaiser mon fantôme irrité,
« Que toi-même aujourd'hui, de Rotschild assisté,
« Tu viennes à mon ombre errante et désolée,
« Élever sur la grève un humble mausolée;
« Mais quoi! tu ne dis mot, tu parais abattu? »
— Ombre chère et terrible, hélas! qu'exiges-tu?
« Je veux bien t'accorder un sépulcre honorable;
« Mais Rotschild peut-il être à tes vœux favorable?
« Séparé loin de nous, par l'humide élément,

« Dans Londre avec Canning il dîne en ce moment;
« Palinure, demande une chose possible,
« J'obéis. — Il le faut, dit le spectre inflexible,
« Use de ton pouvoir, évoque à haute voix
« Cet esprit familier qui tremble sous tes loix [6];
« Celui qui te porta sous la hutte des nègres,
« Qui donnant la fraîcheur à tes traits secs et maigres,
« Sous un toît de bambous, dans ton île Bourbon,
« Embrasa de tes feux la fille de Panon [4];
« Celui qui, pour flatter l'orgeuil de ton épouse,
« Te fit représentant et maire de Toulouse;
« Qui, depuis, t'installa sur ce banc mutiné
« Où l'on livre au pouvoir un combat acharné,
« Et qui, ceignant ton front d'une riche auréole,
« Pour ta divinité bâtit un capitole :
« Dans ce moment pressant, invoque son secours! »
Il dit : Sur le plancher, Villèle fait trois tours,
Ouvre la Bible sainte, et d'une main profane,
Jette dans un réchaud trois lambeaux de soutane;
Le feu brille : aussitôt se tournant vers le sud.

Il marmonne tout bas quelques mots du Talmud;
Abbé Terray, parais, dit-il d'une voix haute.... ⁵
A peine a-t-il parlé, que le spectre en calotte
Se montre:—Que veux-tu, père du trois pour cinq?
—Apporte-moi Rotschild; il dîne avec Canning.
—J'obéis. Le héros, l'âme encore interdite,
Se retourne : ô prodige! il voit l'Israélite,
La serviette à la main, en frac de colonel,
Tel qu'on le vit à Reims dans un jour solennel.

Ils sortent, précédés du spectre qui les guide;
Déjà devers Meudon, sur le rivage humide
Ils découvrent les os du squelette bourgeois;
Et Villèle a pleuré pour la première fois:
Voilà, dit-il, le fruit des discordes civiles,
O Rotschild! que ne puis-je, éloigné de nos villes,
Sur ces beaux lieux, enflant de rustiques pipeaux,
La houlette à la main, conduire mes troupeaux,
Et dans ces bois fleuris, où l'âme se récueille,
« Aux rameaux d'un cyprès pendre mon portefeuille! »

Vœux perdus dans les airs! le banquier circoncis
Arrache le héros à ces tristes soucis :
« Ah! bannis, lui dit-il, une plainte insensée,
« A des soins plus pressans donnons notre pensée ;
« Prends ces Bons des Cortès dans ma poche vieillis ;
« Dresse un bûcher ; ces os par nos mains recueillis,
« Consumés à l'instant par une flamme active,
« Rendront la douce paix à cette ombre plaintive. »
Il dit, et sa voix aigre entonne un pseaume hébreu ;
Il dépose en pleurant dans le cadre de feu,
Du malheureux rentier la dépouille chrétienne.
A la voix de Rotschild, Villèle unit la sienne,
Et recueille, en faussant un cantique latin,
La cendre, tiède encor, dans une urne à scrutin.

Douloureux monument ! funèbre promontoire,
On voit encor de loin ta pierre expiatoire,
Le nocher te salue, et sur la poupe assis,
La Nuit, aux passagers fait ces tristes récits !

Pendant que les héros dressaient le sarcophage,

Sur le bord opposé voilé par le nuage,

Le fier Labourdonnaie, ennemi du retard,

Contemplait étonné, le magique brouillard

Qui couvrant seulement cet endroit de la Seine,

Aux rayons du soleil abandonnait la plaine.

Il faut, d'un pareil fait, dresser procès-verbal;

Trois savans sont mandés de l'Institut royal,

Physiciens jurés, doctes par ordonnance;

Le trio près du bord s'établit en séance:

« Seigneur, ce noir brouillard qui te glace d'horreur,

« Est d'un fléau plus grand le signe avant-coureur;

« Le vieux Pline, debout sur le cap de Mysène [6],

« Nous dit qu'il observa le même phénomène

« Avant qu'eût éclaté le Vésuve en courroux;

« De ce qu'on voit ici la cause est près de nous;

« D'un gaz séditieux la vapeur condensée,

« Dans ses grands réservoirs avec force pressée,

« Fermente, et s'échappant de sa prison d'airain,

« Arrive jusqu'ici par un long souterrain;

« Et le septième jour une lave enflammée,

« De ses liquides feux inondera l'armée :
« Ce que nous affirmons, au nom de l'Institut. »

Pendant qu'ils affirmaient le brouillard disparut.

Notes du Chant Troisième.

1. Genoude.

M. Genou, puis Genoude, puis de Genoude, reçut du feu roi des lettres de noblesse qui l'autorisaient *à porter de gueules au casque taré de pourfil d'argent.*

2. Le prote de Pillet.

Pillet, imprimeur de la *Gazette de France.*

3. Oui, dit-il, c'est bien là le Cachalot momie.

Tout le monde connaît cet énorme Cachalot qui est placé dans la cour du cabinet d'anatomie au Jardin des Plantes. M. Cuvier a mis le squelette de ce cétacée sous sa protection ; il a également décoré les parois extérieures du même bâtiment, d'immenses côtes de baleine ; c'est encore à M. Cuvier que la science doit le Mammouth factice du Jardin du Roi. Heureux M. Cuvier, s'il n'avait jamais lu que sa Bible et son Buffon !

s'il n'avait jamais fait que des Mammouths ! s'il n'avait jamais parlé que sur l'anatomie comparée à ses fossiles !

4. La fille de Panon.

M. de Villèle épousa dans sa jeunesse, à l'île Bourbon, la fille de M. Panon, dont il était régisseur. M. Panon s'ennoblit ensuite ; il prit le nom de Desbassyns, parce qu'il y avait trois bassins dans ses terres, ce qui est fort ingénieux.

5. Abbé Terray, paraís.

Il y a dans la consonnance de ces trois mots quelque chose de cabalistique qui rappelle le *manè thèrè farès* du prophète Daniel. Cet abbé Terray était le Villèle de son siècle ; Voltaire le peint dans cet hémistiche :

Quand Terray nous mangeait.

6. Le vieux Pline, debout sur le cap de Mysène.

Tout le monde sait que Pline l'ancien, qui commandait la flotte romaine, écrivit sur la fameuse éruption du Vésuve, dont il fut une des premières victimes.

Chant Quatrième.

ARGUMENT.

L'armée ministérielle traverse la Seine; elle commence à plier.—Les jésuites de Montrouge viennent au secours de Villèle.—Le combat change de face.—Villèle en personne passe le fleuve.—Combat singulier de ce héros et de Labourdonnaie.—Déroute complète des rebelles.—Labourdonnaie rallie les fuyards; discours qu'il leur adresse.

Muse! quel fut celui qui, bouillant d'un beau zèle,
S'élança le premier des tentes de Villèle?
Ce fut toi, Peyronnet! les Gascons, à ta voix,
Fendent les flots tremblans sous un si noble poids.

Villèle, en les voyant s'élancer à la nage,
Se plaint de sa grandeur qui l'attache au rivage;
Chillaud la Rigaudie, à sa droite placé [1],
Accuse à haute voix les ans qui l'ont glacé;
C'est le Nestor du camp : « Ah! si quelque ordonnance
« Me rendait, disait-il, ma verte adolescence,
« Qu'avec plaisir j'irais au milieu des combats
« Entraîner après moi l'ardeur de ces soldats! »
Sur les pas des Gascons, les troupes gastronomes
S'avancent gravement en braves gentilshommes;
Leur ventre, qui sur terre est un pesant fardeau,
Les soutient sur le fleuve, et leur sert de radeau.
Sur le bord opposé, les troupes inquiètes,
En forme de redoute entassent des banquettes;
Le fier Labourdonnaie et les deux Duplessis,
Se distinguent de loin à leur tribune assis :
De là, sur tout le camp tonne leur voix guerrière;
Coussergue à leurs côtés agite sa bannière;
Le champ en est d'azur, et l'on voit au milieu,
Vive le Roi, quand même! écrit en traits de feu.

Non loin, on aperçoit, surveillés par leurs maîtres,
Du vieux moustier d'Issy les jésuites champêtres [2] :
Pour la première fois au combat entraînés,
Ces précoces guerriers sont bien disciplinés.
Deux frères correcteurs, pédantesques Alcides,
Marchent le fouet en main, comme des Euménides :
Du dévot Saint-Acheul, aux passe-temps si doux,
Ils avaient fui, chassés par des maîtres jaloux
Qui les avaient surpris près de leurs néophites,
De leur emploi secret reculant les limites ;
Issy, plus tolérant, daigna les recueillir...

Cependant, sur le point de se voir assaillir,
Le chef parcourt les rangs, donne partout l'alerte ;
« L'ordre du jour est lu, la séance est ouverte :
« Feu ! » dit-il ; à l'instant de ces rangs épaissis
Pleuvent sur les nageurs des globules noircis ;
Deux redoutes, aux flancs, sur l'armée aquatique,
Lancent en feux croisés la mitraille élastique.
Dans les rangs ennemis plus d'un brave est atteint ;
Sous ces coups meurtriers tout le Centre se plaint ;

On accuse Villèle, et, par un long murmure,
Les Ventrus mutinés demandent la clôture.
D'Hermès, d'un parasol vainement ombragé,
Oublieux de son rang, s'enfuit découragé;
Chabrol, sur son radeau que la vague balance [5],
Atteint du mal de mer, regagne l'ambulance.
Vers Villèle, aussitôt, un exprès envoyé,
Lui dit en bégayant que sa garde a ployé;
Que l'air est obscurci par des boules sans nombre....
« Tant mieux, répond le chef, nous combattrons à l'ombre;
« Retournez au combat; moi-même, auprès de vous,
« Je vais forcer le Ciel à combattre pour nous;
« Vous, courrez vers Paris, dit-il à Rainneville;
« Que Chappe au même instant, à mes ordres docile,
« Forçant le télégraphe à sa garde commis,
« De ce péril extrême instruise nos amis. »
Rainneville obéit; l'impassible machine
En forme de serpent lentement se dessine;
Et le muet signal par les yeux entendu,
Aux tours de Saint-Sulpice est aussitôt rendu.

Au même instant, on voit accourir hors d'haleine,
Du Mont-Valérien qui domine la plaine,
Des jésuites en frac, en soutane, en haillons ;
Montrouge a déchaîné tous ses noirs bataillons ;
Bonald est à leur tête, entouré de nuages,
Comme le vieux Moïse, ou comme ses ouvrages :
« Soyons humains, dit-il, en ce jour solennel ;
« Donnons à l'ennemi son juge naturel ;
« De Maistre m'a laissé son glaive catholique,
« Pour le rendre au Seigneur immolons l'hérétique ;
« Frappons ». Ainsi parlait le jésuite écrivain,
La foule répétait l'anathème romain ;
On distinguait surtout, dans le sombre cortège,
Macarty, Sâlinis aumônier de collège ;
Sainte, abbé rénégat que Montrouge a béni ;
L'astucieux Roncin ; le comte O'Mahoni,
Jésuite émancipé, catholique d'Irlande...
D'autres chefs s'agitaient en tête de leur bande,
Et sur leur étendard brillaient en lettres d'or
Ces mots sacrés : *Jesus hominum salvator* [4] !

A l'aspect du secours que le Ciel leur envoie,
Les Ventrus ranimés poussent des cris de joie;
Leur bras qui mollissait est soudain raffermi;
Et tandis que de front ils chargent l'ennemi,
Les fils de Loyola, béats auxiliaires,
Suivant leurs anciens us, tombent sur les derrières.
Bientôt Labourdonnaie, attentif au combat,
S'aperçoit que des siens le courage s'abat;
Il élève trois fois sa voix forte et sonore,
Et trois fois dispersés, il les rallie encore;
Mais d'un nouvel effroi leur esprit est glacé;
Le bruit s'est répandu que Villèle a passé :
En effet, le héros que Montrouge seconde,
Sur son grand portefeuille avait traversé l'onde,
Escorté de commis et de Ventrus gloutons,
Qui bondissaient autour comme de vieux Tritons.
A l'aspect imprévu de ce nouveau Neptune,
Les fougueux Grénédans ont quitté la tribune :
« Arrêtez, dit le chef, modérez ce courroux,
« Assez d'autres guerriers s'offriront à vos coups;

« Villèle m'appartient, laissez-moi cette gloire. »
A ces mots, il saisit l'énorme boule noire,
Honorable présent qu'un monarque africain,
Pour l'offrir au héros, façonna de sa main,
Quand aux bords de Tunis un messager fidèle
De Manuel exclu proclama la nouvelle;
L'œil distinguait sans peine, en cet espace étroit,
Les membres de la Gauche et ceux du côté Droit;
L'artiste ingénieux sur ce globe fragile,
Avait représenté le tribun indocile
Sur son banc glorieux, cerné par des Spahis,
Et chassé du Sénat pour l'honneur du pays.
Le héros a saisi le projectile immense,
Dans ses puissantes mains trois fois il le balance;
Autour d'eux sont rangés les muets combattans;
D'un féroce regard il le vise, et long-temps
Il mesure son coup; Villèle qui s'efface
A l'œil de son rival, n'offre aucune surface;
C'est une illusion en frac fleurdelisé;
En vain son ennemi l'a-t-il si bien visé;

La lourde boule noire au sifflement sinistre
Vole, fend l'air et passe à deux pieds du Ministre;
Le rebelle a pâli, tout son camp étonné
Sur le foudre impuissant jette un œil consterné
C'est alors que Villèle a fixé la victoire,
Il laisse sur le sol rouler la boule noire,
Saisit des écus d'or dans un coffre entassés,
Et sur son ennemi les lance à coups pressés;
Tous les chefs du trésor, munis de hautes piles,
Dardent sur leurs rivaux les mêmes projectiles;
L'air en est obscurci, les Ultras à genoux
De la manne gasconne implorent tous les coups;
Plus de défense : en vain le fier Labourdonnaie
Leur a crié : « Laissez cette vile monnaie;
« A ce visir trompeur renvoyez ces besans [5];
« Amis, craignez les Turcs jusques dans leurs présens. »
Inutiles efforts! le son de ces paroles
Cède au bruit argentin des brillantes pistoles,
Et courbés sur le sol, ces avides soldats
Recueillent la mitraille et ne la rendent pas.

Sans le secours de Mars, c'est ainsi que Villèle,
Battait, de son château, le Castillan rebelle,
Lorsqu'à l'Espagne sainte il rendait son doux roi,
Ses moines, sa misère et *ses actes de foi*.

A ces indignes soins, partout on s'abandonne,
On ne se souvient plus de l'autel ni du trône ;
Dans les rangs débandés, qu'ils foulent en tous sens,
Entrent, à flots épais, les Ventrus menaçans ;
Tout fuit ; et sans s'armer d'un courage inutile,
Vers le couvent d'Issy chacun cherche un asile ;
Leur chef même, entraîné par ce grand mouvement,
Prend la fuite avec eux ; mais il fuit lentement,
Comme un lion blessé, qui détournant la tête,
Fait même à ses vainqueurs redouter sa défaite.

Cependant les Ventrus de leur gloire surpris
Accordent le repos à leurs membres meurtris ;
Mais, seul de tous les siens, l'implacable Villèle
Poursuit ses ennemis, les pousse, les harcelle,
Et craignant de laisser son triomphe imparfait,

Tant qu'il lui reste à faire il croit n'avoir rien fait ;
Il goûte avec transport ce charme et cette gloire,
Que donne aux jeunes cœurs la première victoire,
Et, cédant au démon qui dévore son sein,
Il veut jusques au bout accomplir son dessein ;
Ce n'est plus ce banquier, à l'œil cave, au teint blême,
Flegmatique arrangeur des signes de Barême,
C'est Hector, agitant sa torche au sein des eaux,
Et poursuivant les Grecs, jusques sur leurs vaisseaux ;
Il court, il vole, il veut prendre Labourdonnaie ;
Mais prêt de le saisir, il hésite, il s'effraye....
Il voit dans un ravin, à grands pas accourir,
Des rôdeurs ennemis prêts à le découvrir ;
Dans ce pressant danger le héros se recueille,
Sa main ouvre en tremblant son large porte-feuille,
Et pour se dérober au guerrier qu'il poursuit,
Il s'y loge, à la hâte, et s'y tapit sans bruit ;

Des ligueurs cependant, la troupe fugitive
Atteint du vieil Issy le portail en ogive ;

Ils entrent; tous les chefs dédaignant le sommeil,
Changent le réfectoire en salle de conseil;
Labourdonnaie arrive, on ouvre la séance,
Un signe de sa main commande le silence.
Tout se tait; il se lève et d'un ton inspiré
Commence ce discours qu'il n'a pas préparé :
« Amis, vous le savez, cette grande journée
« D'un triomphe certain eût été couronnée,
« Villèle en ce moment serait à nos genoux,
« Si les fils de Montrouge excités contre nous,
« Quand tout était perdu, n'eussent par leur présence
« Dans le camp des vaincus ranimé l'espérance;
« Je veux, dès aujourd'hui, par des moyens pressans
« Mettre dans mon parti ces alliés puissans;
« La Mennais l'a prédit, croyons en ce grand homme,
« Jamais on ne vaincra Villèle qu'avec Rome;
« Par ce nouveau secours une fois raffermis,
« Nous battrons sans effort nos faibles ennemis;
« Déjà de cette guerre ils accusent leur maître;
« Ils suivront ma fortune, et prompts à se soumettre

« M'offriront comme à lui leurs boules et leurs cœurs ;
« Ah ! s'ils ont pu servir par leurs votes vainqueurs
« Villèle, un hobereau des bords de la Garonne,
« Avare agioteur qui vend tout ce qu'il donne,
« De quelle noble ardeur à l'heure du danger,
« Sous mes vieux étendards viendront-ils se ranger,
« Surtout, si je promets à leur faim légitime
« Plus de biens qu'ils n'en ont sous le présent régime,
« Une paix indolente après tant de combats,
« Et des vins plus exquis et de plus longs repas !

« Demain ou je succombe ou sa fortune expire,
« Dans un dernier combat je hasarde l'empire ;
« Aux premiers feux du jour, je veux que nos vassaux
« Du palais de Villèle assiègent les arceaux ;
« Ils ne m'attendent pas ; d'ailleurs peuvent-ils croire
« Que fier après ma chute et bravant leur victoire,
« Au lieu de demander une honteuse paix,
« J'aille les assaillir jusques dans leur palais ?
« Vous cependant, guerriers, quittez le poids des armes,

« Du sommeil bienfaisant allez goûter les charmes,
« Je veillerai pour vous; dans l'immense Paris
« Je vais en ma faveur réchauffer les esprits,
« Et l'*Aristarque* en main, recruter pour ma cause
« Les abonnés gratuits qui commentent ma prose;
« Et lorsque les clochers du faubourg Saint-Germain
« Annonceront en chœur trois heures du matin,
« A ce signal précis, que toute la milice
« Se trouve réunie auprès de Saint-Sulpice;
« J'y serai : vous verrez briller au premier rang
« Mon ardente chimère et mon panache blanc. »

Il dit : et tout entier à sa grande entreprise,
Il vole vers Paris dans son char de remise.

Notes du Chant Quatrième.

---

1. Chillaud-la-Rigaudie.

C'est le doyen d'âge de la Chambre des députés.

2. Du vieux moustier d'Issy les jésuites champêtres.

On voit à Issy, joli village près Paris, une de ces maisons jésuitiques dont M. d'Hermopolis a constaté l'existence dans un triple discours.

3. Chabrol. . . . .
    Atteint du mal de mer regagne l'ambulance.

Il y a trois Chabrol à la Chambre des députés ; un ministre et deux députés ; celui qui *est atteint du mal de mer* est le ministre de la marine.

4. On lit ces mots : *Jesus hominum salvator.*

C'est la devise des jésuites. Ce fameux monogramme commence à reparaître dans les églises, sur les livres, et sur des murs extérieurs : on peut même le voir en lettres d'or, et en relief, sur l'enseigne d'un coutelier au Palais-Royal, n° 150.

5. . . . . . . Renvoyez ces besans.

Les besans, qu'il faut distinguer des tourteaux, étaient des pièces d'or qui avaient cours en Orient.

Chant Cinquième.

L'armée ministérielle, rassemblée au Palais-Rivoli, célèbre sa victoire par un festin. — Épisode du coffre-fort. — Chillaud-la-Rigaudie prophétise. — Une héroïne se montre au balcon; alarme dans le château. — L'armée de Labourdonnaie investit la place; préparatifs de défense. — Le combat s'engage. — Exploits héroïques des deux partis. — L'abbé Trébuquet et le nouveau Goliath. — Les assiégés redoublent de courage. — Trait d'audace de Labourdonnaie. — Envahissement du château. — Villèle capitule. — Conclusion.

Dans un bruyant festin prolongé jusqu'au jour,
Villèle a rassemblé tous les grands de sa cour;
Vingt lustres que chargeait l'odorante bougie,
Éclairaient les débris de cette noble orgie;

Le héros de la fête, ivre de son bonheur,
Prodigue les cordons, jette les croix d'honneur,
Fait des promotions, donne à ses créatures
Des charges au Parquet, de grasses préfectures;
Ses conseillers ventrus, de vin appesantis,
Modèrent à la fin leurs larges appétits :
Les plus fermes buveurs se levant en cadence,
Privent de ses lauriers un jambon de Mayence,
Et le noble feuillage en couronne tressé,
Sur le chef du Ministre, à grands cris, est placé.

Tout-à-coup du palais tremble la longue arcade;
Le solide pavé s'ébranle par saccade,
Et sur son rauque essieu s'avance avec effort
Un lourd fardier portant un large coffre-fort.

Au balcon du château, la troupe dans l'ivresse,
De l'armée ennemie a reconnu la caisse :
« Amis, ranimez-vous une dernière fois,
« Par un dernier effort couronnez vos exploits,

« Dit Villèle, tombez sur cette faible escorte,
« Que ce riche caisson entre par notre porte. »
Le Ministre a parlé ; son bataillon guerrier
S'élance dans la rue et cerne le fardier ;
Les gardes ennemis accablés par le nombre,
Abandonnent la caisse et se cachent dans l'ombre ;
Les vainqueurs ont leur proie, ils s'attellent au char,
Devant l'arche du fisc on voit danser César [1] ;
Du saint prophète-roi, coupable parodie !
Mais du haut du balcon, Chillaud-la-Rigaudie :
« Arrêtez, leur dit-il, jeunes audacieux ;
« Arrêtez, gardez-vous d'introduire en ces lieux
« Ce funeste présent qu'un grossier artifice
« Sous des dehors trompeurs livre à votre avarice ;
« Avant que ce colosse en ces lieux soit porté,
« De ses flancs ténébreux sondez la cavité,
« Ou bien dans les fossés de la place voisine,
« Précipitez la caisse et sa lourde machine :
« Croyez-m'en, c'est un dieu qui parle par ma voix. »
Au discours du vieillard tout s'arrête à-la-fois,

Les ventrus attelés demeurent en balance ;
Quand auprès de Chillaud une femme s'élance :
Un large cachemire, autour d'elle jeté,
Donne à ses traits noircis un air de majesté,
Et son chapeau construit d'une paille légère,
Balance fièrement une plume étrangère :
« Quoi ! vous prêtez l'oreille aux discours d'un vieillard !
« Que faites-vous ? d'où vient ce funeste retard ?
« Hâtez-vous d'introduire en notre citadelle,
« Ce coffre qui contient le trésor du rebelle ;
« S'il entre dans nos murs, mon cœur reconnaissant,
« A ceux qui l'ont porté promet le trois pour cent. »
Chillaud tombe à l'instant frappé d'apopléxie ;
Roux, pour le secourir, ouvre sa pharmacie [2],
Et chacun dit tout haut que le ciel irrité
A puni le vieillard de sa témérité.

Aussitôt, par les soins de l'armée aguerrie,
La pesante machine est sous la galerie,
Des supports de l'arcade un pan est démoli,

Et le coffre est placé dans l'hôtel Rivoli.

Tout-à-coup du donjon l'active sentinelle
Agite à coups pressés le beffroi de Villèle;
Le châtelain troublé convoque ses barons,
Monte à la tour; son œil parcourt les environs;
Il voit, qui l'eût pu croire ? en bon ordre formée,
Des vaincus de la veille une nombreuse armée;
Elle marche, s'approche, et ses premiers drapeaux
Déja du Garde-Meuble effleurent les arceaux.

Tous jurent à leur chef de défendre la place;
Des commis de bureaux l'active populace
Barricade à l'instant les portes du palais;
De registres poudreux forme des murs épais;
L'arsenal est ouvert; les boules meurtrières
S'élèvent dans la salle en piles régulières;
Corbière à ses bouquins fait ses derniers adieux,
Pour la dernière fois, les étale à ses yeux,
Il les compte en pleurant, et sa philosophie
Au salut de l'État enfin les sacrifie;

Elzevirs! chers objets d'un platonique amour,
C'est vous qu'il prend plaisir à grossir chaque jour,
Quand pour se délasser des soins du ministère,
Il s'en va bouquinant le long du quai Voltaire [3]!

Muse! qui jusqu'ici secondant mes travaux,
M'as redit les hauts faits des deux partis rivaux,
Une dernière fois montre-toi secourable;
Daigne me raconter ce siége mémorable,
Et sauver par ma voix de l'éternel oubli
Les héros de la Droite et ceux de Rivoli!

Près des murs assiégés le cordon se resserre,
On pousse avec effort les machines de guerre;
Au milieu du palais, en face du balcon,
Où siége avec les siens le Monarque gascon,
Une énorme tribune à l'instant érigée,
Paraît, comme une tour de combattans chargée.
Labourdonnaie y monte; il les éclipse tous;
Debout aux premiers rangs il s'offre aux premiers coups:

On eût dit un héros de Virgile ou d'Homère;
Il porte sur son casque une ardente Chimère,
Et, superbe, montrant son éclatant cimier,
Il réclame l'honneur d'aborder le premier.
Villèle, qui redoute un fâcheux abordage,
De sa garde fidèle attise le courage;
Ils entendent sa voix; le bouillant Puymaurin 4
A lancé le premier ses médailles d'airain;
Il terrasse Bacot, et Clausel de Coussergues
Roule aux pieds de la tour, frappé de deux exergues.
Excités par ce coup, Corbière et ses commis
Font pleuvoir les formats sur les fronts ennemis;
L'air se noircit au loin de leur noble poussière;
Déjà le long des murs se glissait Lézardière;
Ravez lance sur lui son grelot argentin,
L'éternel réglement, et l'urne du scrutin.
Les ligueurs sont troublés, ils songent à la fuite;
Alors sur la tribune un colossal jésuite
S'avance en agitant, dans sa puissante main,
Un recueil de *l'Etoile* et du journal romain;

Du général Fortis c'était le secrétaire [5] :
Paraissez, leur dit-il, héros du ministère ;
Si quelqu'un veut tenter un combat singulier,
Qu'il vienne, je l'attends au bas de l'escalier.
Provoqué par ses cris, du fond de sa cellule,
Trébuquet sort, portant une arme ridicule [6] ;
Il vise le géant, et, d'un bras arrondi,
Fait jaillir du cylindre un liquide tiédi.
A ce coup imprévu, le colosse chancelle,
Sur son noir vêtement l'onde fume et ruisselle ;
Il fuit, et les deux camps, à l'aspect du héros,
Accueillent Trébuquet d'un concert de *bravos*.

La Droite, cependant justement alarmée,
Voit des plus braves chefs la tribune semée ;
Elle veut essayer, par un dernier effort,
D'escalader enfin l'inexpugnable fort ;
Mille globules noirs lancés d'une main sûre,
Du balcon de Villèle atteignent l'embrasure ;
Sur son siége un moment le Ministre a tremblé ;

Mais de ses défenseurs l'effort a redoublé ;
Ses commis, en voyant l'assaut de la fenêtre,
Changent en arsenal les bureaux de leur maître ;
On jette pêle-mêle à l'assiégeant surpris
Ces mémoires fameux, précieux manuscrits
Publiés par Ouvrard, rédigés par Villèle ;
Puis des pétitions la série éternelle,
Volumineux dossier que l'oubli du bureau
Laisse dans un carton comme dans un tombeau :
Vous tombâtes aussi sur les troupes gothiques,
Chefs-d'œuvre de Leybach, actes diplomatiques,
Que le bon Metternich rédigea de sa main,
Pour le bonheur du monde et du peuple germain !
Et vous, nobles firmans, que d'une main amie,
Le roi d'Égypte envoie au ministre momie !

Le fier Labourdonnaie, en cette extrémité,
Se prépare au grand coup qu'il a tant médité ;
L'entreprise est hardie, et peut être insensée ;
Un héros seul conçoit une telle pensée,

Il ne l'ignore pas ; *mais, pour être approuvés,*
De semblables projets veulent être achevés.
Sur ses jarrets nerveux trois fois il se balance,
De la tour au balcon mesure la distance ;
Puis, comme un trait que darde une robuste main,
Il s'élance, et franchit l'aérien chemin ;
Un cri d'horreur le suit jusque dans son camp même :
Cependant, impassible en ce péril extrême,
Suspendu sur l'abîme entr'ouvert sous ses pas ;
Le sang-froid des héros ne l'abandonne pas ;
Comme un grapin de fer, sa main serre la grille ;
Son audace, le feu qui dans ses regards brille,
Des plus hardis ventrus étonne la fierté ;
Villèle, en le voyant, recule épouvanté ;
On le combat de loin, de loin on le harcelle.....
Ainsi le fier vainqueur du Granique et d'Arbelle 7,
Emporté par l'élan d'une bouillante ardeur,
Des murs qu'il assiégeait franchit la profondeur,
Et sur la place, seul, la cuirasse entamée,
En attendant les siens, lutta contre une armée.

Mais, dupe d'un grand cœur, l'Alexandre français
Allait sur le balcon expier ses hauts faits,
Quand, dans l'intérieur surveillé par Corbière,
S'élèvent de longs cris et des flots de poussière.
O secours inoui ! cent guerriers redoutés,
Qu'en ses flancs caverneux le coffre avait portés,
Ont ouvert tout-à-coup leur prison volontaire ;
Leur cohorte envahit l'hôtel du ministère.
Au milieu de leurs rangs, à chaque instant grossis,
On distingue Sanlot et les deux Duplessis,
Berthier l'ultramontain, Bellemare, Bouville,
Bellissen, Mirandol, Bouchet, Bailly, Dupille.
Tout fuit à leur aspect ; l'agile Bouthillier,
De la tour du palais franchissant l'escalier,
Plante sur le donjon qui domine la plaine
Le drapeau de la Fronde, et la croix de Lorraine.

A ce double signal, les ligueurs dispersés,
Au secours de leur chef montent à flots pressés.
Du balcon envahi la cohorte troublée,

Abandonne Villèle au sein de la mêlée ;
Serrant son portefeuille, ainsi qu'un bouclier,
Il résiste à leurs coups, et cède le dernier :
Tout son camp a crié : Vive Labourdonnaie !
Puymaurin, regagnant l'hôtel de la Monnaie,
Va, pour éterniser ce grand événement,
Du balancier royal hâter le mouvement ;
L'aumônier Frayssinous s'élance à la chapelle,
Finir un *Te Deum* commencé pour Villèle ;
Et les fils de Montrouge ont crié, chapeau bas,
La congrégation se rend, et ne meurt pas.

Au pied de son vainqueur, Villèle se prosterne :
Tu m'as vaincu, dit-il, sois ministre et gouverne ;
Des Gascons aujourd'hui le règne est aboli ;
Tu coucheras ce soir à l'hôtel Rivoli :
Puisses-tu repousser ces lentes agonies
Que Casimir Perrier donne à mes insomnies !
Pour moi, loin de la Bourse et des cris du Sénat,
Je vais m'ensevelir dans le Conseil d'état.

Les deux partis rivaux, oubliant leur querelle,
Déjà, serraient les nœuds d'une paix fraternelle,
Et prodiguant l'insulte à Villèle abattu,
Tous, de Labourdonnaie exaltaient la vertu;
Mais bientôt, aux regards de ce nouveau ministre,
La nuit vint révéler un avenir sinistre;
Des signes éclatans au front des cieux écrits,
De ces pâles vainqueurs glacèrent les esprits;
Et la France espéra : l'immortelle déesse
Qui prête son épée aux martyrs de la Grèce,
Sur le fronton aigu du sénat plébéïen,
Parut, en agitant son casque phrygien;
Panthéon, la croix d'or s'éclipsa sur ton dôme!
Sous les marbres sacrés de la place Vendôme,
La terre tressaillit, et l'oiseau souverain
S'agita radieux sur sa base d'airain.

FIN.

Notes du Chant Cinquième.

───

1. Devant l'arche du fisc on voit danser César.

César Lapanouze, célèbre banquier de Paris, et ami intime de M. de Villèle.

2. Roux, pour le secourir, ouvre sa pharmacie.

M. de Roux, dans la dernière session, n'a parlé que sur la pharmacie : c'est un sujet qu'il doit connaître à fond.

3. Il s'en va bouquinant le long du quai Voltaire.

On rencontre tous les jours M. de Corbière se promenant, comme un simple particulier, sur le quai Voltaire, quartier-général des bouquinistes.

4. Le bouillant Puymaurin.

M. de Puymaurin, directeur de la Monnaie royale des

Médailles; il est aussi chargé, par surérogation, de composer des distiques latins sur les héros qu'il coule en bronze; mais le distique est toujours le revers de sa médaille, comme l'a dit M. Jouy, qui, dans la *Minerve*, perdait rarement une occasion de lancer contre M. de Puymaurin les épigrammes les plus spirituelles et les plus mordantes.

5. Du général Fortis c'était le secrétaire.

M. Fortis est le général romain des jésuites.

6. Trébuquet sort.

L'abbé Trébuquet, secrétaire de M. d'Hermopolis, est fort connu par les remèdes émolliens qu'il s'administre chaque matin.

7. Ainsi le fier vainqueur de Granique et d'Arbelle.

On connaît ce trait de hardiesse d'Alexandre-le-Grand, qui s'élança seul dans la ville des Oxidraques, que son armée assiégeait.

www.ingramcontent.com/pod-product-compliance
Lightning Source LLC
LaVergne TN
LVHW020958090426
835512LV00009B/1946